1 JOHN WITH IMAGES

A VISUAL GREEK READER

1 JOHN WITH IMAGES

A VISUAL GREEK READER

GLOSSAHOUSE
WILMORE, KY
GLOSSAHOUSE.COM

SAWYER MORANVILLE

1 John With Images: A Visual Greek Reader

Greek text used: Michael W. Holmes, *The Greek New Testament: SBL Edition* (Atlanta, GA: Society of Biblical Literature, 2011–2013), 1 Jn1-5.

61 pages : Color illustrations (Accessible Greek resources and online studies series. Tier 2. Lingua Deo Gloria.)

ISBN 978-1-63663-075-5 (paperback)
1. Greek language, Biblical – Vocabulary. 2. Games & Activities – Picture Books. I. Title. II. 1 John with images. III. Series.

Cover Design altered by T. Michael W. Halcomb and based on Sawyer Moranville's idea in the digital version.

Book Interior Design by T. Michael W. Halcomb & Sawyer Moranville.

Acknowledgements & Thanks

A hearty thanks is due to Dr. Robert L. Plummer, from whom I first learned how to translate the Greek text of 1 John. His class was exciting and enjoyable and he instilled in me a great love for the Greek language. I also thank Andrew and Bethany Case from Aleph with Beth for their encouragement and counsel, and for providing technological assistance which allowed me to complete this work. I thank Shayne Torres for checking everything from spelling to page formatting. His helpful notes made this work better. Any remaining errors are due to my oversight and should not be credited to any other person. I also thank my beloved wife, who often took care of our children while I was laboring on these projects in my spare time outside of work: "A woman who fears YHWH is to be praised. Give her of the fruit of her hands, and let her works praise her in the gates." And, of course, I praise God for his mercy in Christ. Soli Deo Gloria.

LDG
Lingua Deo Gloria

Lingua Deo Gloria

The Lingua Deo Gloria (LDG) series contains the print versions and volumes of Visual Readers created by Sawyer Moranville. These are meant to help with comprehensible input, especially with regard to Hebrew and Greek.

Brief List of Abbreviations Used

Aor. = Aorist
Perf. =Perfect
Pluperf. = Pluperfect
Pass. = Passive
Mid. = Middle
Act. = Active
Ind. = Indicative
Subj. = Subjunctive
Part. = Participle
Fem. = Feminine

Brief List of Marks Used

The <--> symbolizes that there are two opposite things.
The ! symbolizes a command.
The : symbolizes a brief explanation of a word or phrase
The < symbolizes that a certain word is derived from a similar word.
The = symbolizes that words are similar or exactly the same.

Note: When a somewhat obscure verb form appears in the Greek text, it is often clarified by showing another form of the same word in the first person, singular, present, active, indicative form, which is how it appears in standard Koine-Greek/English Lexicons.

1 JOHN WITH IMAGES

A VISUAL GREEK READER

Ιωάννης Ά

ΚΕΦΑΛΑΙΟΝ Α (1)

ἀκηκόαμεν
(ἀκούω)

ἐθεασάμεθα =
ἑωράκαμεν

Ἀρχή

τέλος

ἐφανερώθη (Aor. Pass.
Ind. φανερόω)

ἐψηλάφησαν (Aor.
Act. Ind. ψηλαφάω)

ὁ πατήρ   ὁ υἱός

1.1 Ὅ ἦν ἀπ' ἀρχῆς, ὃ ἀκηκόαμεν, ὃ ἑωράκαμεν τοῖς ὀφθαλμοῖς ἡμῶν, ὃ ἐθεασάμεθα καὶ αἱ χεῖρες ἡμῶν ἐψηλάφησαν, περὶ τοῦ λόγου τῆς ζωῆς— 2 καὶ ἡ ζωὴ ἐφανερώθη, καὶ ἑωράκαμεν καὶ μαρτυροῦμεν καὶ ἀπαγγέλλομεν ὑμῖν τὴν ζωὴν τὴν αἰώνιον ἥτις ἦν πρὸς τὸν πατέρα καὶ ἐφανερώθη ἡμῖν— 3 ὃ ἑωράκαμεν καὶ ἀκηκόαμεν ἀπαγγέλλομεν καὶ ὑμῖν, ἵνα καὶ ὑμεῖς κοινωνίαν ἔχητε μεθ'

ἀπαγγέλλομεν

ἡμῶν· καὶ ἡ κοινωνία δὲ ἡ ἡμετέρα μετὰ τοῦ πατρὸς καὶ μετὰ τοῦ υἱοῦ αὐτοῦ Ἰησοῦ Χριστοῦ·

τό φῶς   ἡ σκοτία

4 καὶ ταῦτα γράφομεν ἡμεῖς ἵνα ἡ χαρὰ ἡμῶν ᾖ

πεπληρωμένη.

5 Καὶ ἔστιν αὕτη ἡ ἀγγελία ἣν ἀκηκόαμεν ἀπ'

αὐτοῦ καὶ ἀναγγέλλομεν ὑμῖν, ὅτι ὁ θεὸς

φῶς ἐστιν καὶ σκοτία ἐν αὐτῷ οὐκ ἔστιν οὐδεμία.

6 ἐὰν εἴπωμεν ὅτι κοινωνίαν ἔχομεν μετ' αὐτοῦ

καὶ ἐν τῷ σκότει περιπατῶμεν, ψευδόμεθα καὶ οὐ

ποιοῦμεν τὴν ἀλήθειαν·

7 ἐὰν δὲ ἐν τῷ φωτὶ

περιπατῶμεν ὡς αὐτός

ἐστιν ἐν τῷ φωτί,

ψευδόμεθα
(ψεύδομαι)

κοινωνίαν ἔχομεν μετ' ἀλλήλων καὶ τὸ αἷμα

Ἰησοῦ τοῦ υἱοῦ αὐτοῦ καθαρίζει ἡμᾶς ἀπὸ πάσης

ἁμαρτίας.

8 ἐὰν εἴπωμεν ὅτι ἁμαρτίαν οὐκ ἔχομεν, ἑαυτοὺς

ᾖ (Pres. Act. Subj. εἰμί)

πεπληρωμένη (Perf.
Pass. Part. πληρόω)

ἡ κοινωνία

ἐὰν εἴπωμεν = ἐάν
+ Subjunctive

τὸ αἷμα

καθαρίζει

πλανῶμεν καὶ ἡ ἀλήθεια οὐκ ἔστιν ἐν ἡμῖν.

9 ἐὰν ὁμολογῶμεν τὰς ἁμαρτίας ἡμῶν, πιστός ἐστιν καὶ δίκαιος ἵνα ἀφῇ ἡμῖν τὰς ἁμαρτίας καὶ καθαρίσῃ ἡμᾶς ἀπὸ πάσης ἀδικίας.

10 ἐὰν εἴπωμεν ὅτι οὐχ ἡμαρτήκαμεν, ψεύστην ποιοῦμεν αὐτὸν καὶ ὁ λόγος αὐτοῦ οὐκ ἔστιν ἐν ἡμῖν.

ἵνα ἀφῇ...καθαρίσῃ:
ἵνα + Subjunctive

ἡμαρτήκαμεν
(ἁμαρτάνω)

Τεκνία = παιδία

ΚΕΦΑΛΑΙΟΝ Β (2)

2.1 Τεκνία μου, ταῦτα γράφω ὑμῖν ἵνα μὴ ἁμάρτητε. καὶ ἐάν τις ἁμάρτῃ, παράκλητον ἔχομεν πρὸς τὸν πατέρα Ἰησοῦν Χριστὸν δίκαιον,

2 καὶ αὐτὸς ἱλασμός ἐστιν περὶ τῶν ἁμαρτιῶν ἡμῶν, οὐ περὶ τῶν ἡμετέρων δὲ μόνον ἀλλὰ καὶ περὶ ὅλου τοῦ κόσμου.

3 Καὶ ἐν τούτῳ γινώσκομεν ὅτι ἐγνώκαμεν αὐτόν, ἐὰν τὰς ἐντολὰς αὐτοῦ τηρῶμεν.

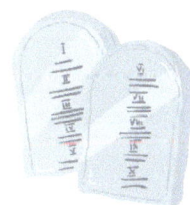

αἱ ἐντολαί
(ἐντολή)

4 ὁ λέγων ὅτι Ἔγνωκα αὐτὸν καὶ τὰς ἐντολὰς αὐτοῦ μὴ τηρῶν ψεύστης ἐστίν, καὶ ἐν τούτῳ ἡ

ἀλήθεια οὐκ ἔστιν·

5 ὃς δ᾽ ἂν τηρῇ αὐτοῦ τὸν λόγον, ἀληθῶς ἐν τούτῳ ἡ ἀγάπη τοῦ θεοῦ τετελείωται. ἐν τούτῳ γινώσκομεν ὅτι ἐν αὐτῷ ἐσμεν· 6 ὁ λέγων ἐν αὐτῷ μένειν ὀφείλει καθὼς ἐκεῖνος περιεπάτησεν καὶ αὐτὸς περιπατεῖν.

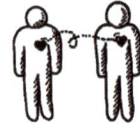

ἡ ἀγάπη

τετελείωται (τελειόω)

παλαιά

καινή

7 Ἀγαπητοί, οὐκ ἐντολὴν καινὴν γράφω ὑμῖν, ἀλλ᾽ ἐντολὴν παλαιὰν ἣν εἴχετε ἀπ᾽ ἀρχῆς· ἡ ἐντολὴ ἡ παλαιά ἐστιν ὁ λόγος ὃν ἠκούσατε. 8 πάλιν ἐντολὴν καινὴν γράφω ὑμῖν, ὅ ἐστιν ἀληθὲς ἐν αὐτῷ καὶ ἐν ὑμῖν, ὅτι ἡ σκοτία παράγεται καὶ τὸ φῶς τὸ ἀληθινὸν ἤδη φαίνει. 9 ὁ λέγων ἐν τῷ φωτὶ εἶναι καὶ τὸν ἀδελφὸν αὐτοῦ μισῶν ἐν τῇ σκοτίᾳ ἐστὶν ἕως ἄρτι. 10 ὁ ἀγαπῶν τὸν ἀδελφὸν αὐτοῦ ἐν τῷ φωτὶ μένει, καὶ σκάνδαλον ἐν αὐτῷ

εἴχετε (ἔχω)

φαίνει

μισῶν ⟷ ἀγαπῶν

τὸ σκάνδαλον

παιδία = τεκνία

νενικήκατε (νικάω)

ὁ κόσμος

οὐκ ἔστιν· 11 ὁ δὲ μισῶν τὸν ἀδελφὸν αὐτοῦ ἐν τῇ σκοτίᾳ ἐστὶν καὶ ἐν τῇ σκοτίᾳ περιπατεῖ, καὶ οὐκ οἶδεν ποῦ ὑπάγει, ὅτι ἡ σκοτία ἐτύφλωσεν τοὺς ὀφθαλμοὺς αὐτοῦ.

ἐτύφλωσεν
(τυφλόω)

12 Γράφω ὑμῖν, τεκνία, ὅτι ἀφέωνται ὑμῖν αἱ ἁμαρτίαι διὰ τὸ ὄνομα αὐτοῦ· 13 γράφω ὑμῖν, πατέρες, ὅτι ἐγνώκατε τὸν ἀπ' ἀρχῆς· γράφω ὑμῖν, νεανίσκοι, ὅτι νενικήκατε τὸν πονηρόν. 14 ἔγραψα ὑμῖν, παιδία, ὅτι ἐγνώκατε τὸν πατέρα· ἔγραψα ὑμῖν, πατέρες, ὅτι ἐγνώκατε τὸν ἀπ' ἀρχῆς· ἔγραψα ὑμῖν, νεανίσκοι, ὅτι ἰσχυροί ἐστε καὶ ὁ λόγος τοῦ θεοῦ ἐν ὑμῖν μένει καὶ νενικήκατε τὸν πονηρόν.

ἰσχυρός

15 Μὴ ἀγαπᾶτε τὸν κόσμον μηδὲ τὰ ἐν τῷ κόσμῳ. ἐάν τις ἀγαπᾷ τὸν κόσμον, οὐκ ἔστιν ἡ ἀγάπη τοῦ πατρὸς ἐν αὐτῷ· 16 ὅτι πᾶν τὸ ἐν τῷ κόσμῳ, ἡ ἐπιθυμία τῆς σαρκὸς καὶ ἡ ἐπιθυμία τῶν ὀφθαλμῶν καὶ ἡ ἀλαζονεία τοῦ βίου, οὐκ ἔστιν ἐκ τοῦ πατρός,

ἀλλὰ ἐκ τοῦ κόσμου ἐστίν·

17 καὶ ὁ κόσμος παράγεται καὶ ἡ ἐπιθυμία αὐτοῦ, ὁ δὲ ποιῶν τὸ θέλημα τοῦ θεοῦ μένει εἰς τὸν αἰῶνα.

18 Παιδία, ἐσχάτη ὥρα ἐστίν, καὶ καθὼς ἠκούσατε ὅτι ἀντίχριστος ἔρχεται, καὶ νῦν ἀντίχριστοι πολλοὶ γεγόνασιν· ὅθεν γινώσκομεν ὅτι ἐσχάτη ὥρα ἐστίν.

19 ἐξ ἡμῶν ἐξῆλθαν, ἀλλ’ οὐκ ἦσαν ἐξ ἡμῶν· εἰ γὰρ ἐξ ἡμῶν ἦσαν, μεμενήκεισαν ἂν μεθ’ ἡμῶν· ἀλλ’ ἵνα φανερωθῶσιν ὅτι οὐκ εἰσὶν πάντες ἐξ ἡμῶν.

το χρῖσμα

20 καὶ ὑμεῖς χρῖσμα ἔχετε ἀπὸ τοῦ ἁγίου καὶ οἴδατε πάντες· 21 οὐκ ἔγραψα ὑμῖν ὅτι οὐκ οἴδατε τὴν ἀλήθειαν, ἀλλ’ ὅτι οἴδατε αὐτήν, καὶ ὅτι πᾶν ψεῦδος ἐκ τῆς ἀληθείας οὐκ ἔστιν.

22 τίς ἐστιν ὁ ψεύστης εἰ μὴ ὁ ἀρνούμενος ὅτι Ἰησοῦς οὐκ ἔστιν ὁ χριστός; οὗτός ἐστιν ὁ ἀντίχριστος, ὁ ἀρνούμενος τὸν πατέρα καὶ τὸν υἱόν.

Χριστός ⟷ ἀντίχριστος

ἡ ἐσχάτη

μεμενήκεισαν (Pluperf. Act. Ind. μένω)

φανερωθῶσιν (Aor. Pass. Subj.)

ὁ ἀρνούμενος (ἀρνέομαι)

23 πᾶς ὁ ἀρνούμενος τὸν υἱὸν οὐδὲ τὸν πατέρα ἔχει· ὁ ὁμολογῶν τὸν υἱὸν καὶ τὸν πατέρα ἔχει. 24 ὑμεῖς ὃ ἠκούσατε ἀπ᾽ ἀρχῆς, ἐν ὑμῖν μενέτω· ἐὰν ἐν ὑμῖν μείνῃ ὃ ἀπ᾽ ἀρχῆς ἠκούσατε, καὶ ὑμεῖς ἐν τῷ υἱῷ καὶ ἐν τῷ πατρὶ μενεῖτε. 25 καὶ αὕτη ἐστὶν ἡ ἐπαγγελία ἣν αὐτὸς ἐπηγγείλατο ἡμῖν, τὴν ζωὴν τὴν αἰώνιον.

ἐπηγγείλατο (Aor. Ind. ἐπαγγέλλομαι)

26 Ταῦτα ἔγραψα ὑμῖν περὶ τῶν πλανώντων ὑμᾶς. 27 καὶ ὑμεῖς τὸ χρῖσμα ὃ ἐλάβετε ἀπ᾽ αὐτοῦ μένει ἐν ὑμῖν, καὶ οὐ χρείαν ἔχετε ἵνα τις διδάσκῃ ὑμᾶς· ἀλλ᾽ ὡς τὸ αὐτοῦ χρῖσμα διδάσκει ὑμᾶς περὶ πάντων, καὶ ἀληθές ἐστιν καὶ οὐκ ἔστιν ψεῦδος, καὶ καθὼς ἐδίδαξεν ὑμᾶς, μένετε ἐν αὐτῷ.

διδάσκῃ (διδάσκω)

28 Καὶ νῦν, τεκνία, μένετε ἐν αὐτῷ, ἵνα ἐὰν φανερωθῇ σχῶμεν παρρησίαν καὶ μὴ αἰσχυνθῶμεν ἀπ᾽ αὐτοῦ ἐν τῇ παρουσίᾳ αὐτοῦ. 29 ἐὰν εἰδῆτε ὅτι δίκαιός ἐστιν, γινώσκετε ὅτι πᾶς ὁ ποιῶν

σχῶμεν (Aor. Act. Subj. ἔχω)

εἰδῆτε (Perf. Act. Subj. οἶδα)

αἰσχυνθῶμεν (Aor. Pass. Subj. αἰσχύνω)

αἰσχυνθῶμεν

τὴν δικαιοσύνην ἐξ αὐτοῦ γεγέννηται.

ΚΕΦΑΛΑΙΟΝ Γ (3)

γεγέννηται (γεννάω)

3.1 ἴδετε ποταπὴν ἀγάπην δέδωκεν ἡμῖν ὁ πατὴρ ἵνα τέκνα θεοῦ κληθῶμεν, καὶ ἐσμέν. διὰ τοῦτο ὁ κόσμος οὐ γινώσκει ἡμᾶς ὅτι οὐκ ἔγνω αὐτόν. 2 ἀγαπητοί, νῦν τέκνα θεοῦ ἐσμεν, καὶ οὔπω ἐφανερώθη τί ἐσόμεθα. οἴδαμεν ὅτι ἐὰν φανερωθῇ ὅμοιοι αὐτῷ ἐσόμεθα, ὅτι ὀψόμεθα αὐτὸν καθώς ἐστιν. 3 καὶ πᾶς ὁ ἔχων τὴν ἐλπίδα ταύτην ἐπ' αὐτῷ ἁγνίζει ἑαυτὸν καθὼς ἐκεῖνος ἁγνός ἐστιν.

ἡ ἐλπίς (τὴν ἐλπίδα)

4 Πᾶς ὁ ποιῶν τὴν ἁμαρτίαν καὶ τὴν ἀνομίαν ποιεῖ, καὶ ἡ ἁμαρτία ἐστὶν ἡ ἀνομία. 5 καὶ οἴδατε ὅτι ἐκεῖνος ἐφανερώθη ἵνα τὰς ἁμαρτίας ἄρῃ, καὶ

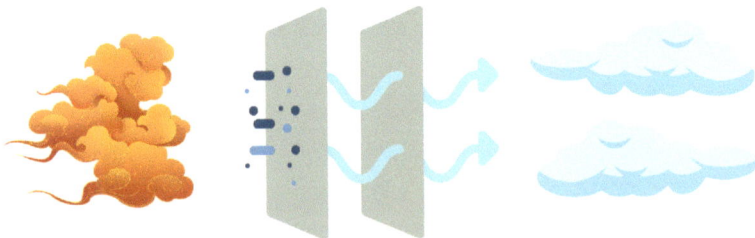

ἁγνίζει < ἁγνός

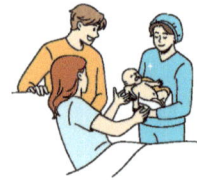

ἁμαρτία ἐν αὐτῷ οὐκ ἔστιν.

6 πᾶς ὁ ἐν αὐτῷ μένων οὐχ ἁμαρτάνει· πᾶς ὁ ἁμαρτάνων οὐχ ἑώρακεν αὐτὸν οὐδὲ ἔγνωκεν αὐτόν.

έώρακεν (Perf. Act. Ind. ὁράω)

ὁ διάβολος

γεγεννημένος (Perf. Pass. Part. γεννάω)

7 τεκνία, μηδεὶς πλανάτω ὑμᾶς· ὁ ποιῶν τὴν δικαιοσύνην δίκαιός ἐστιν, καθὼς ἐκεῖνος δίκαιός ἐστιν·

8 ὁ ποιῶν τὴν ἁμαρτίαν ἐκ τοῦ διαβόλου ἐστίν, ὅτι ἀπ’ ἀρχῆς ὁ διάβολος ἁμαρτάνει. εἰς τοῦτο ἐφανερώθη ὁ υἱὸς τοῦ θεοῦ ἵνα λύσῃ τὰ ἔργα τοῦ διαβόλου.

τὸ σπέρμα

9 πᾶς ὁ γεγεννημένος ἐκ τοῦ θεοῦ ἁμαρτίαν οὐ ποιεῖ, ὅτι σπέρμα αὐτοῦ ἐν αὐτῷ μένει, καὶ οὐ δύναται ἁμαρτάνειν, ὅτι ἐκ τοῦ θεοῦ γεγέννηται.

10 ἐν τούτῳ φανερά ἐστιν τὰ τέκνα τοῦ θεοῦ καὶ τὰ τέκνα τοῦ διαβόλου· πᾶς ὁ μὴ ποιῶν δικαιοσύνην οὐκ ἔστιν ἐκ τοῦ θεοῦ, καὶ ὁ μὴ ἀγαπῶν τὸν ἀδελφὸν αὐτοῦ.

11 Ὅτι αὕτη ἐστὶν ἡ ἀγγελία ἣν ἠκούσατε ἀπ’ ἀρχῆς, ἵνα ἀγαπῶμεν ἀλλήλους·

ἔσφαξεν (Aor. σφάζω)

12 οὐ καθὼς Κάϊν ἐκ τοῦ πονηροῦ ἦν καὶ ἔσφαξεν τὸν ἀδελφὸν αὐτοῦ· καὶ χάριν τίνος ἔσφαξεν αὐτόν; ὅτι τὰ ἔργα αὐτοῦ πονηρὰ ἦν, τὰ δὲ τοῦ ἀδελφοῦ αὐτοῦ δίκαια. 13 μὴ θαυμάζετε, ἀδελφοί, εἰ μισεῖ ὑμᾶς ὁ κόσμος. 14 ἡμεῖς οἴδαμεν ὅτι μεταβεβήκαμεν ἐκ τοῦ θανάτου εἰς τὴν ζωήν, ὅτι ἀγαπῶμεν τοὺς ἀδελφούς· ὁ μὴ ἀγαπῶν μένει ἐν τῷ θανάτῳ. 15 πᾶς ὁ μισῶν τὸν ἀδελφὸν αὐτοῦ ἀνθρωποκτόνος ἐστίν, καὶ οἴδατε ὅτι πᾶς ἀνθρωποκτόνος οὐκ ἔχει ζωὴν αἰώνιον ἐν αὐτῷ μένουσαν. 16 ἐν τούτῳ ἐγνώκαμεν τὴν ἀγάπην, ὅτι

ὁ θάνατος

ἡ ζωή

χάριν τίνος? = διὰ τί?

μὴ θαυμάζετε!

μεταβεβήκαμεν (Perf. Act. Ind. μεταβαίνω)

Κάϊν: ἀνθρωποκτόνος

ἐγνώκαμεν (Perf. Act. Ind. γινώσκω)

ἐκεῖνος ὑπὲρ ἡμῶν τὴν ψυχὴν αὐτοῦ ἔθηκεν· καὶ ἡμεῖς ὀφείλομεν ὑπὲρ τῶν ἀδελφῶν τὰς ψυχὰς θεῖναι. 17 ὃς δ’ ἂν ἔχῃ τὸν βίον τοῦ κόσμου καὶ θεωρῇ τὸν ἀδελφὸν αὐτοῦ χρείαν ἔχοντα καὶ κλείσῃ

κλείσῃ (Aor. Act. Sub. κλείω)

τὰ σπλάγχνα αὐτοῦ ἀπ’ αὐτοῦ, πῶς ἡ ἀγάπη τοῦ θεοῦ μένει ἐν αὐτῷ; 18 Τεκνία, μὴ ἀγαπῶμεν λόγῳ μηδὲ τῇ γλώσσῃ ἀλλὰ ἐν ἔργῳ καὶ ἀληθείᾳ. 19 ἐν τούτῳ γνωσόμεθα ὅτι ἐκ τῆς ἀληθείας ἐσμέν, καὶ ἔμπροσθεν αὐτοῦ πείσομεν τὴν καρδίαν ἡμῶν 20 ὅτι ἐὰν καταγινώσκῃ ἡμῶν ἡ καρδία, ὅτι μείζων ἐστὶν ὁ θεὸς τῆς καρδίας ἡμῶν καὶ γινώσκει πάντα. 21 ἀγαπητοί, ἐὰν ἡ καρδία μὴ καταγινώσκῃ ἡμῶν, παρρησίαν ἔχομεν πρὸς τὸν θεόν, 22 καὶ ὃ ἐὰν αἰτῶμεν λαμβάνομεν ἀπ’ αὐτοῦ, ὅτι τὰς ἐντολὰς

τὰ σπλάγχνα
Metaphor for
Compassion/
Affection

πείσομεν: πείθω

ἡ καρδία

αἰτῶμεν
(Pres.Act. Subj.)

αὐτοῦ τηροῦμεν καὶ τὰ ἀρεστὰ ἐνώπιον αὐτοῦ

ποιοῦμεν. 23 καὶ αὕτη ἐστὶν ἡ ἐντολὴ αὐτοῦ, ἵνα

πιστεύσωμεν τῷ ὀνόματι τοῦ υἱοῦ αὐτοῦ Ἰησοῦ

Χριστοῦ καὶ ἀγαπῶμεν ἀλλήλους, καθὼς ἔδωκεν

ἐντολὴν ἡμῖν. 24 καὶ ὁ τηρῶν τὰς ἐντολὰς αὐτοῦ ἐν

αὐτῷ μένει καὶ αὐτὸς ἐν αὐτῷ· καὶ ἐν τούτῳ

γινώσκομεν ὅτι μένει ἐν ἡμῖν, ἐκ τοῦ πνεύματος οὗ

ἡμῖν ἔδωκεν.

πιστεύσωμεν (Aor. Act. Subj. πιστεύω)

ΚΕΦΑΛΑΙΟΝ Δ (4)

4.1 Ἀγαπητοί, μὴ παντὶ πνεύματι πιστεύετε, ἀλλὰ

δοκιμάζετε τὰ πνεύματα εἰ ἐκ τοῦ θεοῦ ἐστιν, ὅτι

πολλοὶ ψευδοπροφῆται ἐξεληλύθασιν εἰς τὸν

κόσμον. 2 ἐν τούτῳ γινώσκετε τὸ πνεῦμα τοῦ θεοῦ·

πᾶν πνεῦμα ὃ ὁμολογεῖ Ἰησοῦν Χριστὸν ἐν σαρκὶ

ἐληλυθότα ἐκ τοῦ θεοῦ ἐστιν, 3 καὶ πᾶν πνεῦμα ὃ

μὴ ὁμολογεῖ τὸν Ἰησοῦν ἐκ τοῦ θεοῦ οὐκ ἔστιν· καὶ

τοῦτό ἐστιν τὸ τοῦ ἀντιχρίστου, ὃ ἀκηκόατε ὅτι

ἔρχεται, καὶ νῦν ἐν τῷ κόσμῳ ἐστὶν ἤδη.

δοκιμάζετε

ψευδοπροφῆται ⟷
προφῆται

ἐξεληλύθασιν
(Perf. Ind. ἐξέρχομαι)

ἐληλυθότα
(Perf. Part. ἐξέρχομαι)

ἀκηκόατε
(Perf. Act. Ind. ἀκούω)

ἔγνω (3rd Person
Aor. Act. Ind γινώσκω)

ζήσωμεν
(Aor. Act. Subj. ζάω)

ἠγαπήκαμεν
(Perf. Act. Ind. ἀγαπάω)

τεθέαται (Perf.
Mid. θεάομαι)

4 ὑμεῖς ἐκ τοῦ θεοῦ ἐστε, τεκνία, καὶ νενικήκατε αὐτούς, ὅτι μείζων ἐστὶν ὁ ἐν ὑμῖν ἢ ὁ ἐν τῷ κόσμῳ· 5 αὐτοὶ ἐκ τοῦ κόσμου εἰσίν· διὰ τοῦτο ἐκ τοῦ κόσμου λαλοῦσιν καὶ ὁ κόσμος αὐτῶν ἀκούει. 6 ἡμεῖς ἐκ τοῦ θεοῦ ἐσμεν· ὁ γινώσκων τὸν θεὸν ἀκούει ἡμῶν, ὃς οὐκ ἔστιν ἐκ τοῦ θεοῦ οὐκ ἀκούει ἡμῶν. ἐκ τούτου γινώσκομεν τὸ πνεῦμα τῆς ἀληθείας καὶ τὸ πνεῦμα τῆς πλάνης. 7 Ἀγαπητοί, ἀγαπῶμεν ἀλλήλους, ὅτι ἡ ἀγάπη ἐκ τοῦ θεοῦ ἐστιν, καὶ πᾶς ὁ ἀγαπῶν ἐκ τοῦ θεοῦ γεγέννηται καὶ γινώσκει τὸν θεόν. 8 ὁ μὴ ἀγαπῶν οὐκ ἔγνω τὸν θεόν, ὅτι ὁ θεὸς ἀγάπη ἐστίν. 9 ἐν τούτῳ ἐφανερώθη ἡ ἀγάπη τοῦ θεοῦ ἐν ἡμῖν, ὅτι τὸν υἱὸν αὐτοῦ τὸν μονογενῆ ἀπέσταλκεν ὁ θεὸς εἰς τὸν κόσμον ἵνα ζήσωμεν δι᾽ αὐτοῦ. 10 ἐν τούτῳ ἐστὶν ἡ ἀγάπη, οὐχ ὅτι ἡμεῖς ἠγαπήκαμεν τὸν θεόν, ἀλλ᾽ ὅτι αὐτὸς ἠγάπησεν ἡμᾶς καὶ ἀπέστειλεν τὸν υἱὸν αὐτοῦ ἱλασμὸν περὶ τῶν ἁμαρτιῶν ἡμῶν. 11 ἀγαπητοί, εἰ οὕτως ὁ θεὸς ἠγάπησεν ἡμᾶς, καὶ ἡμεῖς ὀφείλομεν ἀλλήλους ἀγαπᾶν. 12 θεὸν οὐδεὶς πώποτε τεθέαται·

ἐὰν ἀγαπῶμεν ἀλλήλους, ὁ θεὸς ἐν ἡμῖν μένει καὶ ἡ

ἀγάπη αὐτοῦ ἐν ἡμῖν τετελειωμένη ἐστιν.

τετελειωμένη
(Perf. Pass.Part.
τελειόω)

13 Ἐν τούτῳ γινώσκομεν ὅτι ἐν αὐτῷ μένομεν καὶ

αὐτὸς ἐν ἡμῖν, ὅτι ἐκ τοῦ πνεύματος αὐτοῦ δέδωκεν

ἡμῖν. 14 καὶ ἡμεῖς τεθεάμεθα καὶ μαρτυροῦμεν ὅτι

μαρτυροῦμεν
(μαρτυρέω)

ὁ πατὴρ ἀπέσταλκεν τὸν υἱὸν σωτῆρα τοῦ κόσμου.

15 ὃς ἐὰν ὁμολογήσῃ ὅτι Ἰησοῦς ἐστιν ὁ υἱὸς τοῦ

θεοῦ, ὁ θεὸς ἐν αὐτῷ μένει καὶ αὐτὸς ἐν τῷ θεῷ. 16

καὶ ἡμεῖς ἐγνώκαμεν καὶ πεπιστεύκαμεν τὴν

ἀγάπην ἣν ἔχει ὁ θεὸς ἐν ἡμῖν. Ὁ θεὸς ἀγάπη

ἐστίν, καὶ ὁ μένων ἐν τῇ ἀγάπῃ ἐν τῷ θεῷ μένει καὶ

ὁ θεὸς ἐν αὐτῷ μένει. 17 ἐν τούτῳ τετελείωται ἡ

ἀγάπη μεθ' ἡμῶν, ἵνα παρρησίαν

ἔχωμεν ἐν τῇ ἡμέρᾳ τῆς κρίσεως,

ὅτι καθὼς ἐκεῖνός ἐστιν καὶ ἡμεῖς

ἐσμεν ἐν τῷ κόσμῳ τούτῳ. 18 φόβος

φόβος

βάλλει

εἴπῃ (Aor. Act. Subj. λέγω)

μὴ: οὐ

ἑώρακεν (Perf. Act. Ind. ὁράω)

γεννήσαντα (Aor. Act. Part. γεννάω)

γεγεννημένον (Perf. Pass. Part. γεννάω)

οὐκ ἔστιν ἐν τῇ ἀγάπῃ, ἀλλ᾽ ἡ τελεία ἀγάπη ἔξω βάλλει τὸν φόβον, ὅτι ὁ φόβος

ἔσω   ἔξω

κόλασιν ἔχει, ὁ δὲ φοβούμενος οὐ τετελείωται ἐν τῇ ἀγάπῃ. 19 ἡμεῖς ἀγαπῶμεν, ὅτι αὐτὸς πρῶτος ἠγάπησεν ἡμᾶς. 20 ἐάν τις εἴπῃ ὅτι Ἀγαπῶ τὸν θεόν, καὶ τὸν ἀδελφὸν αὐτοῦ μισῇ, ψεύστης ἐστίν· ὁ γὰρ μὴ ἀγαπῶν τὸν ἀδελφὸν αὐτοῦ ὃν ἑώρακεν, τὸν θεὸν ὃν οὐχ ἑώρακεν οὐ δύναται ἀγαπᾶν. 21 καὶ ταύτην τὴν ἐντολὴν ἔχομεν ἀπ᾽ αὐτοῦ, ἵνα ὁ ἀγαπῶν τὸν θεὸν ἀγαπᾷ καὶ τὸν ἀδελφὸν αὐτοῦ.

ΚΕΦΑΛΑΙΟΝ Ε (5)

5.1 Πᾶς ὁ πιστεύων ὅτι Ἰησοῦς ἐστιν ὁ χριστὸς ἐκ τοῦ θεοῦ γεγέννηται, καὶ πᾶς ὁ ἀγαπῶν τὸν γεννήσαντα ἀγαπᾷ καὶ τὸν γεγεννημένον ἐξ αὐτοῦ. 2 ἐν τούτῳ γινώσκομεν ὅτι ἀγαπῶμεν τὰ τέκνα τοῦ θεοῦ, ὅταν τὸν θεὸν ἀγαπῶμεν καὶ τὰς ἐντολὰς αὐτοῦ ποιῶμεν· 3 αὕτη γάρ ἐστιν ἡ ἀγάπη τοῦ θεοῦ ἵνα τὰς ἐντολὰς αὐτοῦ τηρῶμεν, καὶ αἱ ἐντολαὶ

βαρεῖαι (βαρύς)

αὐτοῦ βαρεῖαι οὐκ εἰσίν, 4 ὅτι πᾶν τὸ γεγεννημένον ἐκ τοῦ θεοῦ νικᾷ τὸν κόσμον. καὶ αὕτη ἐστὶν ἡ νίκη ἡ νικήσασα τὸν κόσμον, ἡ πίστις ἡμῶν· 5 τίς δέ ἐστιν ὁ νικῶν τὸν κόσμον εἰ μὴ ὁ πιστεύων ὅτι Ἰησοῦς ἐστιν ὁ υἱὸς τοῦ θεοῦ; 6 Οὗτός ἐστιν ὁ ἐλθὼν δι’ ὕδατος καὶ αἵματος, Ἰησοῦς Χριστός· οὐκ ἐν τῷ ὕδατι μόνον ἀλλ’ ἐν τῷ ὕδατι καὶ ἐν τῷ αἵματι· καὶ τὸ πνεῦμά ἐστιν τὸ μαρτυροῦν, ὅτι τὸ πνεῦμά ἐστιν ἡ ἀλήθεια.

νικήσασα
(Aor. Act. Part.
Fem. νικάω)

ὕδατος
(τὸ ὕδωρ)

τρεῖς (3)	7 ὅτι τρεῖς εἰσιν οἱ μαρτυροῦντες, 8 τὸ πνεῦμα καὶ τὸ ὕδωρ καὶ τὸ αἷμα, καὶ οἱ τρεῖς εἰς τὸ ἕν εἰσιν. 9 εἰ
μαρτυρέω < ἡ μαρτυρία	τὴν μαρτυρίαν τῶν ἀνθρώπων λαμβάνομεν, ἡ μαρτυρία τοῦ θεοῦ μείζων ἐστίν, ὅτι αὕτη ἐστὶν ἡ μαρτυρία τοῦ θεοῦ ὅτι μεμαρτύρηκεν περὶ τοῦ υἱοῦ αὐτοῦ. 10 ὁ πιστεύων εἰς τὸν υἱὸν τοῦ θεοῦ ἔχει τὴν
ψεύστης = ἄνθρωπος ὅς ψεύδεται	μαρτυρίαν ἐν αὐτῷ· ὁ μὴ πιστεύων τῷ θεῷ ψεύστην πεποίηκεν αὐτόν, ὅτι οὐ πεπίστευκεν εἰς τὴν μαρτυρίαν ἣν μεμαρτύρηκεν ὁ θεὸς περὶ τοῦ υἱοῦ αὐτοῦ. 11 καὶ αὕτη ἐστὶν ἡ μαρτυρία, ὅτι ζωὴν
ἔδωκεν (Aor. δίδωμι)	αἰώνιον ἔδωκεν ὁ θεὸς ἡμῖν, καὶ αὕτη ἡ ζωὴ ἐν τῷ υἱῷ αὐτοῦ ἐστιν. 12 ὁ ἔχων τὸν υἱὸν ἔχει τὴν ζωήν· ὁ μὴ ἔχων τὸν υἱὸν τοῦ θεοῦ τὴν ζωὴν οὐκ ἔχει.
εἰδῆτε (Perf. Act. Subj. οἶδα)	13 Ταῦτα ἔγραψα ὑμῖν ἵνα εἰδῆτε ὅτι ζωὴν ἔχετε αἰώνιον, τοῖς πιστεύουσιν εἰς τὸ ὄνομα τοῦ υἱοῦ τοῦ θεοῦ. 14 καὶ αὕτη

ἔγραψα
(Aor. γράφω)

ἐστὶν ἡ παρρησία ἣν ἔχομεν πρὸς αὐτόν, ὅτι ἐάν τι αἰτώμεθα κατὰ τὸ θέλημα αὐτοῦ ἀκούει ἡμῶν. 15 καὶ ἐὰν οἴδαμεν ὅτι ἀκούει ἡμῶν ὃ ἐὰν αἰτώμεθα,

οἴδαμεν ὅτι ἔχομεν τὰ αἰτήματα ἃ ᾐτήκαμεν ἀπ᾽

αὐτοῦ. 16 ἐάν τις ἴδῃ τὸν ἀδελφὸν αὐτοῦ

ἁμαρτάνοντα ἁμαρτίαν μὴ πρὸς θάνατον, αἰτήσει,

καὶ δώσει αὐτῷ ζωήν, τοῖς ἁμαρτάνουσιν μὴ πρὸς

θάνατον. ἔστιν ἁμαρτία πρὸς θάνατον· οὐ περὶ

ἐκείνης λέγω ἵνα ἐρωτήσῃ. 17 πᾶσα ἀδικία ἁμαρτία

ἐστίν, καὶ ἔστιν ἁμαρτία οὐ πρὸς θάνατον. 18

Οἴδαμεν ὅτι πᾶς ὁ γεγεννημένος ἐκ τοῦ θεοῦ οὐχ

ἁμαρτάνει, ἀλλ᾽ ὁ γεννηθεὶς ἐκ τοῦ θεοῦ τηρεῖ

αὐτόν, καὶ ὁ πονηρὸς οὐχ ἅπτεται αὐτοῦ. 19

οἴδαμεν ὅτι ἐκ τοῦ θεοῦ ἐσμεν, καὶ ὁ κόσμος ὅλος ἐν

τῷ πονηρῷ κεῖται. ●━━━ κεῖται

20 οἴδαμεν δὲ ὅτι ὁ υἱὸς τοῦ θεοῦ ἥκει, καὶ δέδωκεν

ἡμῖν διάνοιαν ἵνα γινώσκωμεν τὸν ἀληθινόν· καὶ

ἐσμὲν ἐν τῷ ἀληθινῷ, ἐν τῷ υἱῷ αὐτοῦ Ἰησοῦ

Χριστῷ. οὗτός ἐστιν   τὸ εἴδωλον

ὁ ἀληθινὸς θεὸς καὶ

ζωὴ αἰώνιος. 21 Τεκνία,

φυλάξατε ἑαυτὰ ἀπὸ

τῶν εἰδώλων.

ᾐτήκαμεν (Perf. Act. αἰτέω) < αἴτημα

ἴδῃ (Aor. Act. Subj; εἶδον, ὁράω)

ἐρωτήσῃ (Aor. Act. Subj.)

ὁ γεννηθεὶς (Aor. Pass. Part.)

ἅπτεται = ψηλαφάω
ἅπτεται + Genitive

Notes:

www.ingramcontent.com/pod-product-compliance
Lightning Source LLC
Chambersburg PA
CBHW042115040426
42448CB00003B/281